La langue musclée de Dieu

Amani Mupenda Mubigalo

Amani Mupenda Mubigalo

La langue musclée de Dieu

Dieu écrit droit sur une ligne courbe

Éditions Croix du Salut

Imprint
Any brand names and product names mentioned in this book are subject to trademark, brand or patent protection and are trademarks or registered trademarks of their respective holders. The use of brand names, product names, common names, trade names, product descriptions etc. even without a particular marking in this work is in no way to be construed to mean that such names may be regarded as unrestricted in respect of trademark and brand protection legislation and could thus be used by anyone.

Cover image: www.ingimage.com

Publisher:
Éditions Croix du Salut
is a trademark of
Dodo Books Indian Ocean Ltd. and OmniScriptum S.R.L publishing group

120 High Road, East Finchley, London, N2 9ED, United Kingdom
Str. Armeneasca 28/1, office 1, Chisinau MD-2012, Republic of Moldova, Europe
Managing Directors: Ieva Konstantinova, Victoria Ursu
info@omniscriptum.com

Printed at: see last page
ISBN: 978-620-6-17115-7

AMANI MUPENDA MUBIGALO

La langue musclée de Dieu

Dieu écrit droit sur une ligne courbe

Dédicace

A mon grand frère Don Ombeni Mupenda, Fidei
Donum, incardiné en Italie,

A mon Cher Ami Frère Léandre Kisubi, caméraman et
musicien compositeur dans les Ex-musica sacra, qui sa
complicité m'a encouragé de construire cet ouvrage,

Je dédie ce travail,

« Dieu à existait sans l'homme et sans l'homme rien ne l'empêchera d'exister».

Amani MUPENDA

Avant-propos

Nous vivons un monde dans lequel l'image de Dieu est ternie sous toute forme dans un climat d'une Eglise chrétienne falsifiée qu'une dose de discernement s'avère essentielle pour la réhabiliter. Je pense qu'aux âmes avisées un mot suffit pour retourner vers l'image authentique de Dieu dans leur vie et reprendre l'Eglise authentique taillée sur mesure des Apôtres.

Cet ouvrage rassemble une série des récits anonymes utilisés pour révéler le langage de Dieu en adressée aux hommes. La complexité de l'écriture de Dieu qui est à la fois difficile à déchiffrer, le langage sophistiqué à entendre et à interpréter a conduit au fil des âges, les humains dans l'apostasie, la déviation et la rébellion contre l'Eglise et contre les Saintes Ecritures. S'il faut même jeter un coup d'œil sur l'expérience d'Israël biblique qui, malgré la présence de Dieu parmi eux et dans toutes leurs politiques et modes de vie, ils ont prouvés des limites de compréhension du langage de ce Dieu.

Si l'humanité de notre temps bascule et se décharge sur le Christianisme, non pas parce qu'elle est méchante ou possédée par des démons, mais parce que incapable de discerner le langage de Dieu qu'elle se rebelle.   Comme un père de famille qui a mis au monde ses fils et avant leurs naissances, il avait son propre langue de communication utilisée dans sa famille que tous ses fils issus de ses entrailles sont sensés apprendre et connaître à fond pour leur faciliter la communication facile.   L'humanité est aussi appelée à arrêter sa rébellion sous toutes ses formes déjà en marche contre son Dieu pour des raisons de l'incompréhension de son langage.   Si les Anges aux cieux, les plantes sur la terre, les animaux dans les forêts, les insectes dans la nature, les eaux sur la terre, les poissons dans l'eau, la lune sur le ciel bleu, les étoiles autour de la lune, le soleil patron de la lumière, les collines et montagnes dans l'environnement, comprennent le langage de leur créateur, c'est-à-dire, il ne reste qu'à l'humanité de s'accrocher à l'apprentissage de cette langue pour s'éviter les rébellions insolites contre l'Eglise et contre son Dieu.

Conclure sans réfléchir que Dieu ne répond pas l'homme à sa demande ou à son rêve tel quelle ou ne procure pas la liberté totale à l'homme pour chuter à sa recherche de liberté taillée sur mesure de lui-même, c'est énoncer qu'on n'a pas été à la hauteur de la compréhension du langage que Dieu utilise pour son propre bien. Si l'on retient les notions théologiques de base que Dieu est celui qui est, qui était et qui vit d'éternité à l'éternité, donc, il est celui qui ne change pas et ne changera jamais sa communication. D'où, la nécessité de passer à l'école de son langage pour mériter la compréhension. Tellement qu'on ignore le chemin du vent, et qu'on ne connaît pas comment se forme les os de l'embrouillons dans le sein d'une femme enceinte, c'est de cette manière qu'il ressort difficile de lire l'écriture de Dieu et parvenir à son interprétation aisée s'il nous manque l'esprit de discernement.

La construction de cet ouvrage parait pour les âmes avisées à conserver leur foi et il s'interpose entre l'humanité en rébellion contre la Foi, la parole de Dieu, l'Eglise, et le langage authentique qu'utilise le Créateur dans sa communication avec l'humanité.

Ce livre n'est pas un procès des abus des religieux sur leurs fidèles dans l'Eglise, ni un rapport d'évaluation des comportements des religieux, mais il est plutôt un médicament des âmes traumatisées qui d'ailleurs menacent de déserter leur foi authentique qui ont connues des abus causés par la déviation spirituelle et comportementale des certains hommes de l'Église et nombreuses âmes qui vivent dans la désespérance totale croyant que DIEU ne les avaient jamais répondus ou n'avait pas accompagner à l'aboutissement de leur rêve.

Pourtant, répondus sous une voie, mais incapable d'interpréter l'écriture ou le langage que Dieu a utilisé.

Ce n'est qu'à ce prix que la devise de la liberté humaine ne va pas nous plonger dans le libertinage spirituel et/ou religieux au mépris des notions théologiques de base de la foi acquises aux Saints et aux Pères de l'Eglise transmises des générations à générations.

Que Dieu nous prenne en grâce et nous bénisse, que son visage s'illumine sur nous ; et son chemin sera connu sur la terre.

Un violeur sexuel violé spirituellement

Les dangers de la myopie spirituelle

Il y avait une fervente fille chrétienne pratiquante qui dans toute sa vie prier Dieu de lui confier un homme en mariage qu'elle ne trompera ni ne décevra jamais. Elle parlait qu'elle restera fidèle toute sa vie dans son mariage et que cet homme-là lui soit aussi fidèle.

Il est arrivé un jour, elle décida de participer à une veillée de prière qui en principe devrait débuter pendant les heures tardives. Sans compagnie en route, elle commença son chemin dans une grande obscurité sans une lampe à la main, rencontrant une solitude de mauvais goût, à tel enseigne que personne n'y passait.

Après quelques heures de marche, tout à coup, elle se voit pris au piège d'un gars qu'elle avait du mal à identifier, la prendra, la tira dans un coin et la viola sauvagement sans que personne ne vienne à son rescousse. Le violeur après avoir satisfait son appétit sexuel, laissa la fille abattue et s'en allait.

Rien ne pouvait justifier cette situation en termes de preuve que le témoignage de la victime elle-même. Fort malheureusement, la fille ayant vu qu'elle était déjà presque proche de leur église, elle décida à tout prix de continuer et d'arrivée au lieu de prière.

Comme toute victime qui se respecte à tendance de narrer sa situation malheureuse rencontrée en cours de route, elle aussi tenta de tout narrer à tous les membres répondants à cette séance des prières attendues, mais personne n'y croit ni y prête attention.   Par contre, cette information sema une vague des condamnations et des préjugés de la part de la victime, concluant tous, que c'est une information fabriquée de toute pièce et que cela n'était qu'un pur arrangement intelligent avec le mec pour satisfaire son appétit sexuel vorace.

Après quelque temps, la grossesse de la victime se manifesta et/ou devient visible de par sa forme. Cela laisse la porte ouverture aux interprétations diverses et de critiques négatifs vis-à-vis de celle-ci.   Il paraitrait que le violeur lui avait laissait une grossesse sans que cette dernière le sache.   Dans une ambiance de stress et des critiques de tout bord, finalement, elle arriva à enfanter un enfant sans père connu.

La réponse tardive de Dieu à la prière

Malgré les stress consommés, la fille n'arrêtait pas d'aller à l'église dans laquelle elle était déjà prise comme une fille pécheresse de mauvais goût qui avait commise un sacrilège en route vers la veillée de prière et que son enfant n'est qu'un pur fruit maudit, parce qu'issus d'un arrangement sexuel, mais couvert par une justification insolite d'innocence.

Ce jour-là, l'organisation de l'église invita un nouveau évangéliste pour animer un programme d'évangélisation qui prendra trois jours durant. La fille décida aussi d'y participer avec son enfant produit de violence sexuel sur la main.

Le début du culte, pendant l'étape de Kyrie eleison, l'évangéliste se présente devant son auguste assemblée et s'excuse d'un grand péché qu'il avait commis dans sa vie quand il était encore serviteur du monde animé de mauvais esprits. Son mea culpa insistait sur le viol en cours de route d'une fille qu'il n'avait vue ni rencontrer ni connu de près ni de loin qui était encore vierge et qui allait à la veillée de prière dans les heures tardives, et qui pleurait de lui lâcher, mais il n'avait pas de choix que de satisfaire son appétit sexuel :

> *« Il fallait voir comment cette fille me solliciter de lui laisser aller répondre à son programme de prière, il fallait voir comment elle pleurer sa virginité et son projet d'avenir ».*

Ce violeur devenu évangéliste, révéla qu'il ne connaissait pas son visage et jusqu'au jour où il le témoigna, il ne peut être à mesure de connaître son visage ni son adresse pour qu'il aille demander pardon et que le Dieu qui l'a sauvé de ce monde-là pour devenir son serviteur puisse confirmer la sincérité de son pardon sur la fille. Mais il fait une révélation émouvante :

« Le jours où j'avais violée cette fille, elle était en direction de cette église dans laquelle je suis aujourd'hui accueilli comme évangéliste du jour. Dans son sac à main que je l'avais arrachais par force dans la dispute, j'avais rencontrais une Bible laquelle arrivée à la maison, je l'avais mis quelque part sur une armoire où la poussière profitait de la peindre en couleur kaki. Un jour, j'étais tenter de l'ouvrir pour une simple curiosité, et je tombai sur un verset qui arrêtait toute mon attention intérieure :

« Chen ! Je ne comprends rien de ce verset ! Pourquoi on parle de moi comme si quelqu'un me connaissait à fond ? Je regardais de quatre bords comme-si quelqu'un me perlait dans la maison, mais reconnaissant que j'étais seul dans la maison et personne ne pouvait faire ce montage là pour

tenter de me persuader ». La puissance de cette vérité lue dans ce verset continua à rongé tout mon intérieur à la manière d'un virus en face d'un anticorps ».

Après la lecture dudit verset, la vie intérieure de ce gars violeur devenue évangéliste, prends une autre allure jusqu'à avouer ses péchés commis tout au long de sa vie, mais la gravité d'un seul péché commis qui revenait dans son cœur était celui de viol de la fille vierge qui était en route vers la veillée de prière, malheureusement non identifiée pour aller lui demander pardon. Cette scène reflète les saintes écritures qui préviennent :

« Qui tue par l'épée, périra par l'épée ».

Le violeur à eut à sauter sur la fille sans son libre consentement, Jésus aussi lui contraint de le servir sans son libre consentement. Et si nous allons plus loin, nous prendrions le récit aussi de l'Apôtre Paul qui donnait l'ordre à son équipe de lapider et tuer tous ceux-là qui évangélisaient au nom du Christ sans prendre en considération leur raison d'attachement au Christ. De retour, sans son consentement libre aussi, le Christ l'a pris en otage sur la route de Damas non seulement l'a imposé de lui servir, mais il lui réserva le même sort d'être tué aussi comme un chien à la manière qu'il tuait ses serviteurs partout où il pouvait les rencontrait.

Tout à coup, cette victime qui tenait sur sa main son enfant issu de ce viol, animée d'un courage exceptionnel au milieu d'une foule immense, cria d'une voix forte :

« Voici ton enfant produit de ton viol ! Me voici victime de ton appétit sexuel ! Tu as rendu ma vie malheureuse à cause de ta méchanceté ! ».

L'évangéliste pris au cou en plein air par le Saint-Esprit, reconnaissait la voix qui ce jour-là en pleine dispute au-dessus d'elle, l'avait sollicité de lui lâcher, de n'est pas lui violé parce qu'elle n'avait jamais connus un homme et allait à l'église pour la prière. Il tomba à genou, pleura et demanda directement pardon d'abord à l'enfant qu'il avait rendu malheureux sans connaissance de son père et puis, à la fille pour tout ce qu'il avait fait pour elle de très mauvais. Son dernier mea culpa était en plein air :

« Mon péché de viol commis m'avait empêché de me marier ! Je suis encore célibataire ! Depuis

aujourd'hui ! Voici ma femme depuis maintenant devant Dieu et devant toute l'assemblée ici réuni ! Je vais conclure le mariage avec elle et je lui resterais fidèle toute ma vie, de peur de ne plus contrister le Saint-Esprit reçu gratuitement à Dieu mon Sauveur [...] Je promets à ma femme ici présente, la fidélité et l'amour vrai tout au long de ma vie ».

L'étonnement saisi toute l'assemblée à croire au témoignage qu'avait fait la fille victime et chacun commença de son côté demandait pardon à Dieu pour n'avoir pas cru au témoignage de celle-ci et pour l'avoir jeté des tomates pourries.

La foi ne déçoit jamais

La fille est répondue par Dieu d'une manière inattendue et imprévisible. Dieu n'a-t-il pas écrit droit sur une ligne courbe ? Qui sait qu'une telle demande de choix d'un partenaire de mariage adressée à Dieu pouvait être répondue par une tournure de violence sexuelle ? La voie de Dieu n'est pas connue des hommes. Tout comme son langage reste mystérieux et insondable.

Des poissons Evangélisées à la place des hommes

Au bord du lac

Il était un jour, un prélat catholique inspiré d'aller prêcher la bonne nouvelle aux pêcheurs des poissons sur le lac.

Un bon matin, sachant qu'en principe toute la nuit, les pêcheurs sont d'habitudes accrochés sur leurs filets et prennent repos le matin au bord du lac pendant qu'ils font le déchargement de production des poissons pour la livraison aux clients. Profitant ainsi, le prélat commença sa prédication devant les pêcheurs, fort malheureusement, ces derniers, fermèrent volontairement leurs yeux pour n'est pas lui voir et bouchèrent volontairement leurs oreilles pour n'est entendre la voix de celui qui le prêche.

Le prélat ayant senti que personne ne l'écoutait ou n'était pas intéressé de sa présence et de son évangélisation, il fera alors le choix de gagner son temps perdu et sa voix jetée dans le désert en retournant vers l'espace vide dans lequel ses pêcheurs incrédules l'ont méfié et s'adressait aux poissons de venir écouter cette parole de Dieu méprisée par les humains créés à son image.

L'invitation des poissons

Les poissons qui se trouvaient déjà dans les filets des pécheurs prêtent à la livraison devant les revendeurs quittèrent les filets en bloc et rejoignirent les autres poissons dans l'eau s'en allèrent répondre à l'appel du prédicateur, elles répondirent en masse devant le prélat de manière que leurs têtes s'étaient orientées vers lui très attentives à écouter la bonne nouvelle de Dieu leur Créateur, visibles par tout le monde.

Après autant des heures durant, comme cela se passait en face des pêcheurs incrédules, ils murmurèrent entre eux-mêmes et commencèrent un à un de venir vers le prélat entendre aussi cette bonne nouvelle de Dieu qu'ils ont au début refoulé.

L'incrédulité vaincue

Enfin de compte, les pêcheurs incrédules ont tous laissés leurs filets et sont venir entendre l'évangélisation qui leur était adressée, mais qui est passée par la voie de la soumission et du respect des poissons à leur Créateur. Pour ainsi confirmer les saintes écritures qui concluent :

« si on se méfie de la parole de Dieu, Dieu susciteras les pierres à s'y intéresser ».

Qui pouvait croire que Dieu pouvait satisfaire la mission de prédication de ce prélat en cette forme inattendue ? Combien des hommes de Dieu se lamentent de n'est pas être soutenu dans leur mission ? À chacun d'apprendre le langage de Dieu pour se rendre compte qu'il répond, mais par une voie détournée et inhabituelle.

La vocation achevée autrement des aspirants religieux

Une alliance fraternelle scellée

Il eut une Sœur qui répondait au nom de Sourza qui était supérieure dans une Communauté religieuse et qui avait un frère biologique qu'il aimait vraiment de tout son cœur parmi les cinq qui composaient sa famille.

Reconnaissante qu'elle vivra la fidélité de son vœux toute sa vie, qu'un jour elle signa une alliance avec son frère encore célibataire que si un jour il se mariera, le premier bébé sortie du ventre de sa femme, une fois fille, elle aimerait qu'elle lui ressemble. Non seulement cette fille lui reviendrait des droits par l'alliance scellée, mais elle sera éduquée par elle-même, jusqu'à être aussi une sœur comme elle.

Le temps passe et son frère parvient à se marier. La femme de ce dernier arrive à mettre au monde effectivement une fille comme souhaitée la Sœur Sourza. Rappelons que la période de la grossesse de cette femme était prise en charge par la Sœur Sourza en lui offrant tous les nécessaires pour le bien-être de celle-ci. En guise de respect de l'alliance scellée avec sa sœur, l'enfant se vit baptisée le nom de *« Sourza »*.

De l'indépendance à l'âge scolaire

Le temps est arrivé que l'enfant ne dépende plus de la poitrine de sa maman à l'âge de la séparation, ses parents contraints régulièrement à l'amener chez la Sœur Sourza sa tente en-même temps son homonyme dans le couvent pour y passer les nuits.

L'âge scolaire arrive, la fillette Sourza sous la prise en charge de la Sœur Sourza est enregistrée à l'école où elle se distingue favorablement des autres de par ses distinctions.

Après des années, la fillette Sourza est admise en cinquième année secondaire avec mention satisfaisante, alors prêt-finaliste qui bientôt doit décrocher son Diplôme. Malheureusement, le temps que la Sœur Sourza et sa famille fêtent la réussite, celle-ci réussit le message de sa mutation dans un autre Diocèse qui le contrait de laisser sa fille adoptive Sourza qu'elle aimait de tout son cœur et de quitter l'environnement qui lui était déjà habituel.

Entre les mains d'un directeur spirituel

La Sœur Sourza ne pouvait plus partir avec la fille, tellement que là où elle va, elle n'a plus des responsabilités de gestion comme au paravent.

Cela étant, elle confiant la fille Sourza entre les mains d'un prélat paroissial qui était censé suivre son évolution spirituelle. On signale que la fille était sollicitée d'arrivée chez le Prêtre au moins chaque jour de la semaine, mais celle-ci s'excusa pour des raisons de travaux de ménage chez elle où sa participation comme grande fille dans sa maison s'imposait aussi. Compte tenu des raisons fondées de la fille, le prélat conclu l'arrivée de la fille une fois la semaine.

Comme l'habitude créée la routine, dit-on, la beauté physique de la fille Sourza n'a pas épargner le Prêtre de tomber amoureuse d'elle. Trouva une gazelle mangeable par où satisfaire son appétit vorace sexuelle. Au lieu qu'il partage avec la fille sur ce qui est spirituel, ce dernier prend une autre direction vers la morale en mettant accent sur les relations, le corps, la vie dans son entièreté. Sourza déjà adolescente, malgré qu'elle fait face à une personne adulte, elle remarqua déjà l'intention charnelle qu'anime l'esprit du prélat face à elle.

Cela étant, Sourza commence à être déçu ne pouvant pas la confirmer directement avant que cela n'arrive à terme. Chaque fois que le prélat voudrait toucher son corps, elle lui évitait avec plus de politesse et bon nombre des fois, elle choisissait la voie de sortie du bureau de ce dernier, allait directement chez elle au point que cela n'arrangeait plus le climat entre les deux.

Machination impure

Etant donné que temps passe et le prélat n'arrive pas à goûter sur ce genre de fruit défendu par son vœux de chasteté, la dureté de cœur de Sourza à livrer son corps à l'adultère lui poussa à reconstruire une autre architecture suffisamment intelligente pour arriver à monter dans l'arbre et s'approprier librement sans agitation le fruit admiré par son esprit en déviation.

Le jour suivant arrive, le prélat informe Sourza qu'il organise un banquet de son anniversaire lequel elle est aussi conviée parmi les invités de marque. La fille très réservée lui pose une simple question de maturité :

« ... ok ! Je le veux bien, mais serons-nous à combien ? ».

Le prélat suspecta la question de la fille qui intelligemment veut être accompagné par une personne étrangère pour se sécuriser, afin de l'éviter de justesse, mais celui-ci lui répond aussi intelligemment :

« Non ! Ça ne vaut pas la peine ! Toi seule suffis ! Il y aura un monde ! ».

Pendant que la fille pensait à associer son amie intime qui d'ailleurs avait son frère au grand séminaire sur qui se confier pour s'assurer une protection physique vis-à-vis de son bourreau à visé sexuel, le prêtre géni esquive philosophiquement.

Le prélat lui résista en insista de venir seule. Sourza de son tour résista, révélant par la suite avec insistance qu'elle sera accompagnée par une autre personne de plus, sans cela elle ne répondra pas à cette invitation. Le prélat accepta difficilement ladite proposition et passant à faire autrement pour atteindre son objectif.

L'amie de Sourza associée à l'invitation non seulement elle est informée de la nouvelle, mais surtout sans arrière-pensée est d'accord d'accompagner son intime à ce banquet. Fort malheureusement, l'heure d'aller au banquet arrive, l'amie de Sourza est urgemment envoyée au super marché par sa maman. Vu la distance à parcourir à pieds, consciente qu'elle va durer en route, elle supplia Sourza d'aller seule pour n'est pas fauché le rendez-vous et qu'elle ne va pas trop durer. Par contre, sitôt rentrer, elle viendra lui rencontrer à la paroisse sans problème.

Sourza prise au piège

Sourza comprends la situation improvisée de son amie, elle est allée seule au banquet de peur d'être mal côté par son directeur spirituel malgré ses intentions camouflées.

Comme en face de l'ouragan fruit mûr ou pas mûr, elle doit tomber ! Cette fois-ci d'une manière très spéciale qu'elle-même admira sans arrière-pensée. Une table lui sera servi sur laquelle la nourriture préférée de la fille est parmi les recettes du jour.

Ayant fini à manger pendant que la salle est progressivement vidée des invitées, le père spirituel lui dit avec un langage vraiment élégant et alléchant de prendre un verre d'un simple jus pour honorer la table qui lui est offerte. Sans arrière-pensée, la fille le saisi et le consomma.

Mais hélas ! Le jus offert contenait du somnifère qui après sa consommation avait affaiblit la fille sans résistance. Le prélat ayant atteint son objectif, il le tira lentement au lieu d'abattoir préparé, il sauta sur sa proie et la dévorant avec appétit au point de couper le souffle.

Au culte du silence

Après des heures consommées, la fille victime se réveil et trouve que son corps dévient étrange. Elle se retrouve qu'elle a été piégée et déviergée. Son amie arrive en retard au lieu de crime, rencontrant Sourza entrain de pleurer méchamment la perte de sa virginité devant le Prêtre, s'associa aussi à injurier agressivement cet homme de Dieu pour ce qu'il a fait de l'inacceptable vis-à-vis de son amie qui rêvait la vie religieuse.

Comme elle respectée beaucoup son corps et protégée jalousement sa virginité comme unique offrande à son Dieu, épuisée moralement, physiquement et spirituellement, elle quitta le couvent sans tambour battant et s'en alla triste chez elle sans raconter à personne. Sourza condamnée de vivre le culte de silence depuis ce jour-là.

Arrivée à la maison, l'amie de Sourza jugea bon de rester en chambre avec la victime pendant quelques jours étant donné son état d'esprit éprouvé que personne n'ait sensé découvrir.

Homophobie

Sourza ne parlait plus à personne ni à son père ni à sa mère ni à ses frères avec qui elle partageait la maison. Elle vivait alors une vie de solitude exagérée sans avoir révéler les raisons. Ne tolérait jamais les personnes de sexe masculin de venir lui rendre visite dans la chambre où elle était venue s'enfermée, mêmes ses frères biologiques n'y avait pas d'accès. Rarement, elle donner accès aux femmes de lui parler quelques choses dans sa chambre. Autrement-dit, pour elle, l'homme est un être méchant parmi les créatures humaines qui ne méritent pas son amour ni sa sympathie.

Sourza ne peignait plus ses longs cheveux, se couvrait le visage comme les femmes des races musulmanes, laissant seulement la partie des yeux ouvertes de manière à inquiéter tout le monde. Est-ce la folie ou la dépression ? Est-ce de la possession ? Se demandait plus d'un membre de famille.

Personne n'est arrivé à pénétrer cette catégorie de mystère de silence qu'affiche la fille, sauf son amie et le promoteur de cette situation qui est resté tranquillement dans son couvent.

Le troisième jour, l'amie de Sourza s'inquiète de la persistance de l'état d'esprit délabré qu'affiche l'autre. Elle doit, maintenant retourner chez elles, mais comment laisser son amie qui ne parle qu'à elle seule et n'accepte que la nourriture qu'elle seule lui sert ? La famille de Sourza consciente qu'elle ne prendrait jamais la nourriture venue de l'un de membre de leur famille n'est pas également d'avis qu'elle rentre tôt de peur que leur fille meure de famine.   Finalement, elle trouva grâce auprès de ses parents lui autorisant de continuer à garder son amie Sourza jusqu'au moment de son rétablissement.

La pauvre amie de Sourza s'efforça de remonter la morale de l'autre, mais tous ses efforts fournis tombaient en vain. Les réponses de Sourza reflétaient l'image de désespérance sans fin, tel que révèlent certains des extraits :

> *« Si Dieu qui est connut Bon, qui voit tout a pu reconnaitre mon projet de lui servir avec ma virginité comme offrande parfaite, pour quoi il a pu me livrer entre les mains de ce mauvais prêtre jusqu'à réussir à écraser mon rêve d'être une religieuse ? [...] La chose qui m'étonne est que*

Dieu permet à son serviteur de me ravir ma virginité sans mon propre consentement ! Vraiment ! Ça ! Je ne comprendrais jamais les explications de personne ».

Le nœud du problème

Sourza se demande comment un prêtre image de Jésus pendant la Sainte Scène de la messe pouvait servir de bourreau pour la destruction de son rêve. Mais elle ne trouva pas la réponse.

Il a fallu arrivée le temps des vacances des grands séminaristes, le frère de l'amie de Sourza qui lui aussi était parmi les grands séminaristes vacanciers dans la paroisse, sa sœur lui supplia de venir visiter son amie Sourza et tenter de remonter sa morale afin qu'elle trouve la guérison psychologique et spirituelle :

« Kaka, je t'avais déjà bien informé à travers mes lettres sur la situation inquiétante de Sourza et je me réjouis de ta présence! Fait tout pour lui visiter et surtout, je t'en supplie de remonter sa morale ! Fait quelque chose je t'en supplie ! ».

Son frère répond aux attentes de sa sœur, il alla voir Sourza chez elle dans sa chambre hermétiquement enfermée. Malheureusement, quand Sourza a simplement vu l'entrée d'un homme dans sa chambre cria méchamment sur ce grand séminariste de vider sa chambre dans une seconde. Ce qui est encore grave, son cerveau considérait le séminariste à la photocopie du prélat qui l'a violée. Mais avec l'intervention de son amie gardienne, elle essaya de lui octroyer quelques minutes d'échanges avec elle.

C'est par la puissance de parole que le grand séminariste réussi à maitriser le climat et faire pénétrer la vérité dans les veines spirituelles affectées par le viol de ce serviteur de Dieu qu'elle a connue.

Sourza exhortée

Le séminariste assis sur le lit de Sourza commence à expliquer la nuance qui existe entre la vie charnelle et la vie spirituelle, ce que Dieu attend de nous et ce qu'il s'en méfie :

« Bien que le corps serait considéré comme étant le temple de Dieu à garder sain, mais le voyage vers les cieux ne se fait pas par le corps, par contre, c'est par l'âme et/ou par l'esprit qui abrite le corps. Cela étant, si l'être humain perdait sa jambe ou tout simplement, une partie de son corps, cela ne l'empêchera à rien d'entrée aux cieux. Tout comme le cas malheureux que tu as connue, bien que cela serait une situation malheureuse dans la vie de la foi, et un acte à décourager, mais il revient à souligner que Dieu n'avait pas besoin de ta virginité comme offrande parfaite à lui offrir.

Il te fallait garder ton cœur intact et sans tâche pour mériter la considération de ton Dieu. Comme ton cas, longtemps tu n'as pas pardonné le prêtre qui t'a violée, considère déjà que tu as pu tâcher ton cœur et souiller ainsi ton âme : la colère et la rancune sont comptées parmi les péchés graves aux yeux des Dieu. Jésus lui-même se présente aux hommes comme un Dieu de pardon, c'est-à-dire, tout celui qui veut lui servir, qui rêve l'entrée dans son royaume, doit être miséricordieux comme lui.

Quand le prêtre t'a violée, ton DIEU était présent, lui qui est omniprésent et non seulement il l'a su, il a su aussi que cela t'arrivera comme à son serviteur job par exemple. Comme il a permis aussi aux humains de mettre leur main sur le corps de Jésus son fils unique qu'il a tant aimé tant par la complicité des anciens de l'Église et qui d'ailleurs a permis naître dans le ventre d'une femme et vivre toutes les conditions humaines exceptées les péchés a forte raison toi qui a perdu ta virginité.

Comme la vie n'arrête de nous proposer des surprises, nous ne devons pas également arrêter d'apprendre. Je vais tout simplement dire que la seule leçon que tu dois apprendre dans cette incidence, c'est que le pardon est un véhicule confortable dans lequel on y monte pour arriver aux cieux. Oublie-donc ta virginité physique déjà perdue et garde jalousement tout au long de ta vie, la virginité du cœur qui d'ailleurs plaît à Dieu. Ce n'est pas pour autant dire que celles qui en gardent font un travail inutile, mais celles qui en ont perdue pour des raisons involontaires comme ton cas, n'ont pas raisons d'arrêter de rêver les cieux. Cela étant, le prêtre violeur sera condamné de sa part pour son viol commis, tout comme toi aussi pour n'avoir pas lui pardonner. Si Jésus Le Fils de Dieu a pu pardonner sur la croix ses prédateurs, toi aussi tu es conseillé de pardonner le prélat violeur pour mériter les cieux que tu rêvais par la voie du statut d'une religieuse au couvent. Inutile donc de s'ennuyer, le prêtre violeur n'est plus dans cette paroisse, il est déjà parti. Toi également tu continues la vie sans être arrêter, pendant que ce qui est arrivée tu n'es ni de loin ni de prêt complice de la perte de ta virginité, car l'architecture de ce viol a été conçu par lui-même et rien que lui. En quoi tu es coupable ? Alors arrête de pleurnicher, de se culpabiliser, de nier ta foi catholique et continuer à vivre ton rêve de servir Dieu autrement dans des conditions laïques. Joseph et Marie n'étaient que des laïques, ils ne vivaient pas au Temple en terme des consacrées, mais la pureté de leur cœur à faciliter le choix des cieux à jouer le rôle des Parents d'un Dieu qui d'ailleurs les avaient créés si nous pouvons rentrer sur les origines de Jésus révélée par les Ecritures.

Alors, battes-toi et considère qu'aucune tentation n'a été surhumaine. Tout est taillé sur mesure de notre foi et de notre rêve spirituel pour sortir victorieuse. Cette victoire c'est *« le pardon »* que renferme l'essentiel de toute la vie de Jésus sur la terre des communs mortels. Aux yeux de Dieu, tu es encore vierge, ton sexe n'a jamais été touché parce que tu es innocente. Par contre aux yeux des humains, tu n'as plus la virginité. Les yeux de Dieu voient autrement que ceux des humains. Si l'homme voit plus l'intérieur, l'homme au contraire voix l'extérieur et/ou le physique. Qui pourra monter à la montagne de l'éternel ? Qui pourra se tenir dans son lieu saint :

*« Celui qui a les mains innocentes et le cœur pur,
celui qui ne se livre pas au mensonge et qui fait
pas des serments trompeurs »[1].*

C'est-à-dire, la lecture de l'homme sur lui-même et
sur son semblable est artificielle, tandis que celle de
Dieu sur l'être humain est spirituelle.

Ame consolée

Après avoir suivi l'exhortation du grand
séminariste, Sourza retient l'essentiel et retrouve une
âme consolée. Dans l'immédiat, sur place-même en
face du monsieur, elle enleva son mentaux qui couvrait
sa face il y avait déjà 7 mois durant dans sa chambre.
Depuis ce temps-là, elle n'avait besoin de son amie pour
la prise de bain et d'ailleurs elle reprenait toutes les
activités domestiques abandonnées voire les prises des
soins de ses cheveux auprès des artistes concernés. S'il
fallait se balader dans la rue, le monsieur était son grand
accompagnateur qui s'associe à son amie là !

Toute la famille entière remercie le monsieur pour
son intervention sur la vie de leur fille ainée qu'elle
n'espérait plus couvrir sa stabilité.

---

[1] Ps 23, 3-5

Ainsi, son amie profitait d'aller aussi chez elles réaliser certaines tâches domestiques laissant son frère là sur les côtes de Sourza dans la logique de : le frère de son amie c'est directement son frère.

La demande de la tête de Jean-Baptiste

Etant donné que la durée de vacance des séminaristes est d'habitude jalouse, le monsieur serait contraint d'abandonner Sourza et de rejoindre les études. Toute la famille de la fille inquiète d'autant plus qu'il a été le seul à sauver leur fille de la situation dans laquelle elle avait connue.   Chacun se posait plus d'une question sur la suite de la fille à l'absence de ce monsieur qui retourne aux études pourtant un acteur essentiel pour la survie de cette dernière.

L'annonce de retour du monsieur aux études sonne mal aux oreilles de Sourza qui demande à monsieur :

> *« Comment vais-je vivre sans toi ? Tu sais d'où tu m'as fait sortir, de quelle couleur j'étais colorée dans la vallée de désespérance, dans une planète de reniement de ma foi qui est aussi la vôtre acquise des Apôtres [...] ne pouvez-vous pas vraiment se sacrifier pour moi ou pour ma cause ?».*

La préoccupation de Sourza renvoie le monsieur à une certaine dimension de discernement et le pousse à aller à son recteur lui expliquer la situation et de proposer sa solution envisagée. Il reçut l'approbation de son recteur qui l'autorisa de rester à la surveillance de la fille en question et de reprendre les études l'année prochaine.

Comme cela ne suffisait pas, l'année autorisée par le recteur passe, la deuxième année mêmement, la fille ne pas encore satisfaite, par contre, elle demande à monsieur de rester avec elle encore l'année suivante. Mais cette fois-ci le monsieur lui résiste farouchement en lui autorisant de demander une autre chose :

« Ma sœur écoute ! je t'en supplie, deux ans déjà suffisent pour arrêter mes études et de me sacrifier pour toi ! Si tu peux me demander autres choses je te l'autorise à l'exception de me refuser d'aller poursuivre mon rêve de devenir prêtre ! De Grâce ! Je t'en supplie ! ».

Très intelligente, la fille prend le temps de réfléchir avant de répondre et elle revient chez le monsieur avec une seule et la seule demande de taille de la tête de Jean-Baptiste. Le monsieur s'attendait les moins sur la gravité de l'autorisation du genre de demande offerte à la fille si sa pouvait lui coûter fou. La fille imaginait simplement comment le monsieur pouvait courir avec elle pendant la période de fertilité pour qu'elle tombe enceinte et l'enfant qui sortira de là soit nommée « Promesse-Souvenir » :

> *« Tu m'as autorisé de te demander toute chose quel que soit sa nature exceptée celle de t'arrêter de reprendre le Grand séminaire et je t'en reviens avec la suite, la voici : comme je t'aime déjà départ ton intervention sur ma vie sauve ! Si tu peux te souvenir du récit d'Hérode celui qui avait coupé la tête de Jean-Baptiste [...] Donc, si tu promets quelque chose, tu seras obligé de le faire ! Avant d'aller au Grand Séminaire, je te contrains de courir avec moi !*

Le monsieur stupéfait de la demande de Sourza, il répliqua :

> *« Vraiment ! Je m'y attendais les moins si tu pouvais me demande une telle chose ! Je ne veux pas faire ça ! ».*

Sourza insista :

« C'est toi qui m'avait autorisé de te demander tout ce que je vais, à l'exception du refus d'aller au grand séminaire ! Chose dite, chose Faite Monsieur ! Tu seras exempter de ce genre de péché, car cela m'engage seule devant mon Dieu et devant le monde ! Il n'y a pas à se culpabiliser ! Comme tu m'as dit que le prêtre qui m'a viol, le péché là, l'engage seul et rien ne m'engage devant Dieu, toi également ce que je te demande ne t'engage à rien ! ».

Le monsieur pris au piège par son propre langage est contraint de donner ce qui lui est demandé de faire. Ils se rencontrèrent dans un environnement choisi où la fille avait été satisfaite de sa demande. Mais le dernier mot de la fille insista sur la séparation éternelle avec le monsieur :

« Maintenant satisfaite, tu deviens libre de s'en aller ! Retiens que tu n'as ni ma dette morale ni des liens d'amitié avec moi ! Considère depuis aujourd'hui que tu ne m'avais jamais connue ni de loin ni de près ! De manière que la suite de tout ce qui pourra m'arriver ne t'engage plus ».

La planification réussie

Le monsieur après les adieux avec la fille est rentré au Grand séminaire sachant qu'il a été libérer de poursuivre son rêve de devenir prêtre ne sachant pas ce qui resté derrière lui.

Comme planifier par la fille, effectivement elle est tombée enceinte le même jour sans que le monsieur s'en rende compte.

Cela étant, le physique de la fille commence à prendre la couleur et la forme d'une femme atteinte déjà d'une grossesse petit à petit comme les jours passent. La famille commence à se poser plus d'une question sur cette nouvelle situation. Les membres de famille décidèrent de se réunir est conclurent sans tergiverser que le responsable de cette grossesse serait seulement le grand séminariste. Elles tentèrent de poser la question à la fille, mais elle répondit :

« Si vous continuez à me poser ces genres des questions encore une fois, je vais me tuer maintenant ! ».

Tous les membres des familles craignirent les pires annoncés par la fille qui s'est déjà distinguée dans des décisions inquiétantes, on décida de se taire. Sa tente maternelle lui convia d'aller rester chez elle dans les motifs camouflés de continuer à lui surveiller jusqu'à l'accouchement pour s'éviter toute autres complications.

Avec l'évolution de la grossesse, son amie prend l'initiative d'écrire une lettre à son frère Grand séminariste sur la situation de grossesse de son amie Sourza que tout le monde reconnait que ça lui revient dont voici l'extrait :

« Kaka, sache que Sourza est enceinte et elle refuse de citer le nom du responsable de la chose, même moi elle me résiste de me le révéler ! ».

Prudemment, son frère lui répond qu'il n'en sait aussi rien là-dessus ne sachant pas sa sœur lui est informée par ironie de ce qu'elle suspecte déjà.

Sourza à la maternité

Après neuf mois de grossesse, Sourza est amener à la maternité enfante un enfant garçon selon son rêve et de ressemblance copie-carbone du monsieur le grand séminariste. Elle remercia son Bon Dieu de l'avoir répondu favorablement à sa requête.

Sourza et son nouveau-né tombent gravement malades et sont contrait à l'hospitalisation, ouverture d'une nouvelle page inquiétante à toute la famille après trois mois de la sortie à la maternité. Une situation qui poussa son amie de récrire une nouvelle lettre à son frère grand séminariste sur ce que Sourza et son bébé traversent dont voici l'extrait :

> *« Cher Kaka, Sourza et le nouveau-né sont gravement malade à tel enseigne que seul Dieu sait la suite ! ... si tu veux voir ton fils, viens sans tarder sinon tu ne le verras plus ! ».*

Le grand séminariste qui régulièrement recevait régulièrement les révélations sur sa responsabilité de la grossesse de Sourza et le bébé né, il prend le message au sérieux et alla voir urgemment le recteur du Grand séminaire lui relatant toute l'aventure vécue avec la fille Sourza pendant les vacances et ce qui les arrive tous deux avec l'enfant.

Ce qui revient au cœur du monsieur c'est le risque de voir la perte de l'enfant qui ne passera sans effet. Une fois que Sourza perd cet enfant qu'il aime follement, alors sa rechute serait sans doute confirmée et elle risque de se donner la mort et il sera coupable car c'est son enfant, tout comme Sourza est sa femme.

Il décida de quitter le grand séminaire pour cette raison et personne au couvent ne pouvait l'empêcher ayant au cœur que Dieu n'avait pas voulu qu'il soit prêtre. C'est pourquoi il a utilisé ce genre de langage difficile à interpréter d'arrêter cette voie et de l'orienter à fonder une famille chrétienne taillée sur modèle de Jésus-Marie-Joseph.

La vie religieuse conquise autrement

Ainsi, le monsieur arrive à l'hôpital où sont hospitalisés Sourza et son bébé. Il les rencontres tous deux endormis sur le lit, il récupère l'enfant sur ses mains en le fixant sérieusement ses yeux pendant qu'il s'effondre progressivement jusqu'à mourir sur place même.

Quand l'enfant meurt, il cria fortement, directement Sourza se réveil du sommeil et voit le monsieur assis sur son lit, elle s'étonne et dit à l'autre :

« Que fais-tu ici ? Et d'ailleurs qui t'amène ici ? Vous ne devez jamais être à deux, c'est toi qui tue mon

enfant. J'avais dit que cet enfant serait ton remplaçant, mais comme tu t'es amené ici, alors il a jugé bon de te laisser sa place et c'est comme ça qu'il s'en va ! Oh ! Mon fils ! ».

Sans tarder, le monsieur prend son fils sur ses mains et dit à sa femme de quitter l'hôpital jusque chez lui dans sa famille.   Au lieu que la famille reçoit la lettre à main d'accréditation du monsieur à recevoir l'ordination, par contre, on voit entre les mains de leur fils le dépouille d'un bébé.   On organisa un deuil sérieux jusqu'à l'enterrement de ce dernier.

Au finish, Sourza et le grand séminariste tous deux, ont constitué une famille chrétienne modèle de grande foi de référence dans leur paroisse. Ce couple, n'arrêtait jamais à louer leur Dieu d'avoir était répondu à leur appel religieux lequel ils aspiraient tous les deux, mais qui est arrivée par une voie détournée de l'habituelle compréhension humaine.

En conclusion

Puisqu'il est avec nous tant que dure cet âge, n'attendons pas la fin des jours pour le trouver. Ouvrons les yeux, cherchons sa face et son visage, découvrons-le qui est caché au cœur du monde comme un feu. Puis qu'il est avec nous pour ce temps de violence, ne rêvons pas qu'il est partout, sauf où l'on meurt. Pressons alors le pas, tournons vers lui notre patience, allons à l'homme des douleurs qui nous fait signe sur la croix ! Puisqu'il est avec nous dans nos jours de faiblesse, n'espérons pas tenir debout sans l'appeler, tendons la main, crions vers lui notre détresse, reconnaissons sur le chemin celui qui brûle nos péchés !

Comme la nature physique n'arrête de nous enseigner à travers ses différentes découvertes et surprises, les cieux également est une nature spirituelle qui nous offres des réalités à découvrir, des défis et de surprises à consommer, nous ne devons pas arrêter non plus à les apprendre, pense-je. Les saintes écritures nous révèlent l'essentielle des réalités divines, tout comme certaines restes à étudier minutieusement avec discernement pour pénétrer leur mystère, tel est la découverte de la langue compliquée qu'utilise Dieu créateur et sauveur de l'humanité à ses créatures humaines.

David le roi d'Israël de son vivant à aussi adresser autant de demande à Dieu pour essayer de pénétrer le mystère divin, d'apprendre ce qu'il ne comprend pas et de recevoir de l'enseignement d'en haut pour ne pas permettre son cœur à la rébellion sans motif valable contre son Dieu[2] :

> « *Fait du bien à ton serviteur, pour que je vive et que je me conforme à ta parole ! Ouvre les yeux pour que je contemple les merveilles de ta loi ! Je suis un étranger sur la terre ne me cache pas tes commandements ! J'expose mes voies, et tu me réponds ; enseigne-moi tes prescriptions ! Fais-moi comprendre la voie de tes décrets, et je méditerai sur tes merveilles ! Mon âme est accablée de tristesse : relève-moi conformément à ta parole ! Enseigne-moi Eternel, la voie de tes prescriptions, pour que je la suive jusqu'à la fin ! Donne-moi l'intelligence, pour que je garde ta loi et que je la respecte de tout mon cœur ![3]* ».

---

[2] Ps 19, 17- 19 , 26-28,
[3] Ps 19, 33-34

Vous serez d'accords avec moi que la rébellion de l'homme actuel sur la foi, sur l'église et sur la parole de Dieu naît de l'incompréhension du langage de Dieu. Si chacun pouvait faire l'examen de conscience personnelle sur sa marche avec son Dieu, il pouvait avouer son ignorance et sa myopie spirituelle comme l'a avoué le violeur violé spirituellement converti en évangéliste. Comme la fille qui aspirait à devenir religieuse, mais violé par son père spirituel pour devenir *« une mère joueuse au milieu de ses enfants »* et son ami séminariste qui espérait devenir *« prêtre »,* mais devenu aussi un bon père de famille à la manière de Joseph époux de la Sainte Vierge Marie. Comme le prélat qui a rencontrer la résistance d'écoute de son évangélisation au bord du lac, mais qui par la voie de la soumission des poissons à la parole de Dieu, les pêcheurs incrédules sont revenus l'écouter et se convertir.

La même difficulté revient chaque fois dans la vie de l'homme face à ses démarches tant spirituelles que matérielles qu'il a tenté d'associer Dieu pour sa réussite. Mais le silence de celui-ci et la réponse sous forme inattendue sont des facteurs clés de sa rébellion. Pour certains, Dieu n'est qu'une image fantôme et la géhenne n'est qu'une fiction. S'il était vraiment vrai qu'il existait, et que sa géhenne créée, alors il pouvait donner une suite favorable à mes préoccupations « x » ou « y » par exemple. Alors, l'église aurait raison d'existait et la parole de Dieu servirait de lampe à mes pieds par exemple.

Or, Dieu existait sans l'homme et sans l'homme il existerait pour toujours selon ma conviction. Rien ne peut l'arrêter de survivre éternellement ni notre rébellion de lui appartenir ni notre absence aux cieux, mais seule son cœur miséricordieux et son regard amoureux à l'homme frêle et dur peu, trop faible pour comprendre les préceptes et les lois qu'il est tenté de nous solliciter à lui revenir et à apprendre son langage pour s'éviter les pires pour la suite de vie qui nous attend après avoir quitté la terre sur laquelle on est locataire dans sa propriété privée.

Chaque expérience, chaque émotion vécue ajoute de la richesse à notre existence. En intégrant la compréhension de cette manière divine à répondre ou à s'exprimer aux hommes dans notre quotidien, nous pouvons non seulement garder notre foi, mais surtout nous sentir plus vivants et plus épanouis.

Aux âmes avisées, un mot suffit !

Table des matières

L'écriture de Dieu est à la fois complexe, difficile à déchiffrer, au langage musclé à entendre et beaucoup de fois difficile à interpréter. C'est cette difficulté qui au fil des âges, a conduit les humains dans l'apostasie, la déviation et la rébellion contre l'Eglise et contre les Saintes Ecritures.

Cet ouvrage rassemble des récits échantillonnés émouvants de foi en Dieu qui révèlent la lecture de l'écriture de Dieu face à la demande ou à la vision de l'homme. Et comment on peut désormais la lire, l'interpréter et s'y accrocher.

Conclure que Dieu ne répond pas l'homme à sa demande tel quelle, c'est révéler qu'on n'a pas été à la hauteur de la lecture de l'écriture et de compréhension du langage qu'il à utiliser. Qui a appris cette langue ne peut jamais se rebeller contre l'Eglise, contre la parole de Dieu et contre sa foi.

Amani Mupenda Mubigalo né en 1975 à Kamituga (Sud Kivu, RD Congo). Artiste Chercheur autodidacte, auteur d'un répertoire international des livres culturels dont tout bénéfice obtenu de la vente de ce dernier est dévolu toujours au soutien des œuvres humanitaires à travers l'Organisme *« Enfants en danger »* depuis le début de son métier de plume.

Printed by Books on Demand GmbH, Norderstedt / Germany